물의 집

한일사 시인선 ①

물의 집

초판인쇄 2021년 9월
초판발행 2021년 9월

지 은 이 박찬선
펴 낸 이 천경호
펴 낸 곳 한일사
　　　　경북 상주시 상서문 2길 126
　　　　전화 _ 054-535-2987
　　　　팩스 _ 054-534-2467
　　　　E-mail _ hanilsa33@naver.com
출판등록 1997년 2월 13일 번호 제8-32호

값 10,000원
ISBN 979-11-971725-3-3 03800

ⓒ 박찬선, 2021

* 저자와 협의하여 인지를 생략합니다.
* 이 책의 판권은 저자와 한일사에 있습니다.
* 양측의 서면 동의 없이 무단 전재나 복제를 금합니다.
* 잘못된 책은 바꾸어 드립니다.

물의 집

박찬선 시집

한일사 시인선 ①

도서출판 **한일사**

시인의 말

낙동강문학관 개관 기념으로 낙동강 연작시집을 엮는다. 낙동강은 '상주' '동학'과 함께 내 시의 한 축을 이루고 있다. 이제 그 기틀이 짜인 셈이다.

강은 볼 때마다 물빛이 다르다. 물빛은 시시각각으로 변한다. 현란한 물의 변용을 어찌 헤아릴 수 있는가. 천삼백 리 유장한 낙동강을 담기에는 생각이 미치지 못한다.

내가 물과 하나가 되었을 때 비로소 물길이자 시의 길이 새로 열려지리라.

2021년 9월

박 찬 선

차례

▨ 시인의 말 · 05

제1부 ...... 낙동강 01~15

물의 눈 · 10
관수루觀水樓에서 · 11
세상의 문 · 12
회상나루 · 13
매호리梅湖里에서 · 14
퇴강리退江里 · 15
태봉에서 · 16
도남서원에서 · 17
회상리 · 19
긴 비 내린 뒤 · 20
강물빛도 연둣빛이다 · 21
강창나루 · 23
이 땅 삶의 젖줄이 되리라 · 25
겨울새 · 27
수류화개水流花開 · 28

제2부 ...... 낙동강 16~30

모래의 염원 · 30
칠백 리 낙동강은 · 31
낙동대감 이야기 · 32

백비탕白沸湯을 내놓다 • 34
대추나무를 베다 • 35
돛단배를 보아야 시상이 떠오른다 • 37
곶감장수 이야기 • 38
손양덕님께 • 41
다시 손양덕님께 • 42
잠자는 물 • 43
슬픈 소식 • 44
나는 낙동강으로 간다 • 45
실려 간 것은 • 47
낙동강아 잘 있거라 • 49
낙동강에 온 바바리 사자 • 51

제3부 ..... 낙동강 31~45

저문 날 강가에 나와 • 54
도강록渡江錄 1 • 55
도강록渡江錄 2 • 57
도강록渡江錄 3 • 59
도강록渡江錄 4 • 60
실려 간 나락 • 61
빌다 • 63
겨울 강 • 64
물의 손 • 65
별과 함께 • 66

낙동강의 수석 · 67
강은 얼지 않는다 · 68
강의 잠 · 69
낙강에 달 띄우고 지은 시의 서문을 읽다 · 70
강의 말 · 72

제4부 ····· 낙동강 46~60

낙동털보 1 · 74
낙동털보 2 · 76
낙동털보 3 · 77
잠자는 강 · 78
낙동강에 가면 · 79
붉은 강 · 80
한수인과 이안 모리슨 · 81
강의 도롱이가 나의 집이라 · 83
물의 집 · 85
하얀 강 · 86
열린 이야기 · 87
잔물결의 등 · 88
그리울 때가 있다 · 89
한없이 흘러 갔으니 · 90
생명의 끈 · 91

▨ 강은 흘러갔다가 돌아온다 · 93

낙동강 01 ~ 낙동강 15

낙동강 01

물의 눈

가지런히 미루나무 줄지어 선 강가에는
물속에도 나란히 나무들이 선다.
강물은 저녁 햇살을 받아 반짝이고
하루 일을 마친 농부의 어깨에는
다래끼가 처져 있다.
침묵으로 흐르는 긴긴 평화
부드러운 물의 눈을 외면할 사람
어디 있을까
새들도 푸른 노래 부르며
숲으로 드는 황혼 무렵
사는 허물 못 벗은 채 홀로 강가에 서면
높고 낮은 산처럼 가슴에 솟는
부끄러운 육신의 앙금
강은 스스로 갈 길 열어 먼 여정에 오르고
나무들도 긴 이별의 손짓을 한다.

낙동강 02

관수루觀水樓에서

강은 흐르지 않는다.
사람이 흐를 뿐이다.
옛 나루의 자취는 온 데 간 데 없고
낙단교 위쪽에 낙단보가 우뚝 서 있다.
그 아래에 두 개의 다리가 새로 놓였다.
물은 보는 이의 눈에 따라 다른 법
강물은 깊을수록 진하고 소리가 없다.
선비들이 남겨놓은 서각書刻위로
이 시대의 그림자가 드리우고
아름다운 풍광의 시구 위로
강바람이 스치고 지나간다.
강물은 겉으로만 볼일이 아니라
안으로 볼 일이다.
물 위의 반짝이는 무수한 별빛도
속이 텅 비어서 비친다.
강은 오랫동안 몸 낮추어 흐르고
봄소식은 먼 물길에서 먼저 온다.

낙동강 03

세상의 문

상주시 중동면 우천리
삼산이수三山二水* 매화낙지梅花落地
세 산의 정기가 모이고 두 강이 합치는 곳
매화꽃이 떨어지는 곳이 명당자리라고
선인들이 찾아들었던 곳
강물은 깎아지른 절벽을 만들고
아름다움을 가꿔 먼 곳에서 보게 한다.
적어도 세상 걱정하고 나라 생각한 사람만이
터를 잡아 의롭게 살게 했으니
강물에 낚시 드리움은 고기 낚을 마음이 아니어라.
흙과 돌로 성을 쌓음도 누굴 막게 함이 아니어라.
봉황대 위의 봉황산성에는
봉황은 없어도 산성만은 있다.
벼랑 끝 강물은 안개처럼 풀렸는데
역사의 빛을 찾듯
굴을 찾은 일은 옛 만이 아니거늘
나무들이 우거져 세상의 문을 가리고 있다.

*삼산三山: 일월산, 속리산, 팔공산. 이수二水: 낙동강, 위강

낙동강 04

회상나루

경천대에서 아래로만 내려다본 강을
오늘은 그 반대쪽에서 우러러본다.
맞은 편에서 보는 경치도 아름답다.
못 보았던 발아래 경치도 보고
눈이 닿지 않았던 벼랑이나 밑물도 보고
강물과 함께 너울너울 춤추는 듯한 산줄기를
파노라마처럼 이어보기가 즐겁다.
가까이서 보이지 않던 숨겨진 곳도
멀리 나서 보면 잘 보인다.
새매의 서식지인 절벽
그 아래의 솔이 날고 있다.
무우정은 생각에 젖어 이른 그늘이 내렸다.
강물도 여기서는 회상에 젖는지
저녁 햇살 속에
은빛 물살 지으며 오르고 있다.

낙동강 05

매호리梅湖里에서

상주시 사벌면 매호리
임호정 앞에 서면
절로 머리가 조아려 집니다.
매악산이 병풍처럼 둘러서 있고
강 건너 비봉산이 나래를 펼치고 있으며
강물이 돌아들어 선경을 이룬 곳
이재* 선생은 옥색 두루마기를 입으시고
굽은 산길을 넘어 마을로 드십니다.
매호별곡 판각을 뒤적이시며
행간에 앉은 먼지를 털어내십니다.
그러시다가 생각이 나면 임호정에 올라
물길 따라 내려온
산길 따라 내려온
조선의 정신과
조선의 근심을 새겨보시면서
하염없이 강물만 보고 계십니다.

*이재頤齋 조우인(曺友仁, 1561 - 1626). 28세 진사, 45세 정시문과에 급제.
 이재가사 4편 「매호별곡」, 「자도사」, 「출새곡」, 「관동속별곡」. 시, 서, 화 삼절.

낙동강 06

퇴강리 退江里

낙동강 본류의 물과
영강 지류의 물이 만나 어울려 흘러가는 곳
퇴강리는 큰 물길을 열어준다.
그냥 흘러가기엔 아쉬움이 남아
빙그르르 돌아들어 다시 보고 가는 곳
비탈진 산자락에 정답게 자리 잡은 이십여 호
붉은 퇴강리 성당이 함께 있다.
퇴강이 좋아 퇴강리 사람들이 좋아서
물빛 그림을 그리는 화가의 집
낮은 담장 밑 수선화 노란 꽃이 반긴다.
퇴강리는 시요 그림이요 아름다운 이야기
이곳에만 오면 곧 무엇이 될 것 같은 마음에
늘 발목이 잡힌다.
밝은 달밤의 경치에 취해 방황했던 어느 작가처럼
아주 붙들려 있고 싶은 곳
아직 찾지 못한 암각화도 있는데
우수 지난 봄 강물에 햇살이 넘친다.

낙동강 07

태봉에서

낙동나루에서 이곳까지는 줄잡아도 칠십 리 길
물 좋은 곳에 내려 서성이다가 품고 와도
해가 남아 있다.
태봉 소나무들은 우산처럼 가지를 펴서
솔 향기와 솔 그림자를 아래로 내린다.
쥐불을 놓아 검게 탄 방죽
여뀌와 갈대의 푸른 싹이 널려 있다.
영강의 이곳 물소리는 가슴으로 파고든다.
아름다운 돌을 만나
붕어, 잉어, 피리, 뱀장어, 말조개를 만나
기쁜 만남의 환성인가 아니면
맺힌 한을 못다 푼 동학군의 한숨소리인가
한참 듣고 있자니 그 소리가 잦아들고
가고 싶은 데로 트인 물길만이 보인다.
작은 섬 같은 갯버들 더미 사이로
멋대로 트인 번쩍이는 물길만이 보인다 .

도남서원에서

강은 차례를 잘 지킨다.
누가 이르지 않아도 자연스럽게
강은 유학의 가르침을 잘 안다.
가볍게 소리 내어 흐르는 법이 없다.
느리고 무거운 거동으로
더러는 수심결修心訣의 한 장을 읽으며 열어온 길
한결같다. 굽이치며 휘돌아온 길
낮은 모래와 자갈의 슬픔을 어루만져 주고
산과 같이 흘러간다.
들과 같이 흘러간다.
물비늘 번쩍이며 거슬러 오르는 지혜를 감싸주며
지난 일을 돌아보지 않는다.
그러나 도남서원의 앉은 방향이
왜 강물을 향했는지
지붕 위의 기왓장이 물결치듯 나르는지
강 복판에 고라니가 사는 그리운 섬을 만들고
에워싸듯 돌아서 흘러가는지
주리主理니 주기主氣니 주장을 하고
왜 끊임없이 논쟁을 벌이는지

아랑곳하지 않고 흐를 뿐이다.
쉬지 않고 흐를 뿐이다.
오 깊은 강물의 예론.

낙동강 09

회상리

사월은 연둣빛 생명이 솟아나는 달
못자리 다듬기에 바쁜 마을에는
개 짖는 소리뿐이다.
강물은 거울마냥 평화롭게 잠들어 있고
물 속 미루나무는 긴 생각에 젖어 있다.
도회로 떠난 사람의 빈 집은
속으로 흐르는 눈물 같은 침묵 뿐
열린 문으로 살구꽃이 흩날리고 있다.
누렇게 오장물 베인 뜯지 않은 편지위로
회상리에는 누가 찾아오는가
전설같이 모여 사는 강마을에
누가 머물다 가는가
우리가 지나치며 문득 낯익은 얼굴을 떠올리듯
회상리는 접어둔 지난 모습을
되새겨 보게 하는 곳
물이 돌아 제자리로 오듯
강바람은 다시 마을로 불어온다.

낙동강 10

긴 비 내린 뒤

강이 긴 비 내린 뒤
용트림하듯 꿈틀거린다.
용광로처럼 부글부글 끓고
엿 공장의 단 냄새가 물씬 풍긴다.
황금물결의 도도한 흐름
지금 작업 중이다 쉴 틈도 없이
하늘과 흙의 진액을 받아 운반하는 중이다.
섭리의 거센 숨소리 밍크고래도 살고
노랑어리연꽃도 살며 섬기린초도 살고
모두가 산다.
길 닦기 자연스런 물길 닦기
더러는 외딴 섬을 만들고 깊은 소를 만들며
흐른다 굽이치고 휘돌고 성난듯이
은밀히 하는 큰일
서두르는 법이 없다.
강은 보여주지 않는다.
강은 다 드러내지 않는다.
물위를 휘덮는 물안개
귀신 이불 같은 안개 속에
강은 잠이 든다.

낙동강 11

강물빛도 연둣빛이다

오은선이 안나푸르나를 오르던 날
나는 낙동강으로 내려갔다.
연둣빛 잎들이 피는 봄에는
강물 빛도 연둣빛이다.
지난 날 강변시인교실을 열며
밤을 새웠던 모래사장에는
붉고 푸른 깃발이 바람에 펄럭이고
낙강시제를 연 도남서원 앞 하중도에는
한국형 녹색 뉴딜 사업 낙동강 살리기 프로젝트
고딕체의 큰 글씨가 눈을 붙든다.
그곳에 껑충껑충 뛰어놀던
고라니가 보이지 않는다.
3 4공구 종점R 깃발이 몸살을 하는
그 아래로 물막이 철제빔이 세워지고
콘크리트 기둥이 우뚝 솟았다.
옛 싸움터의 굳건한 성처럼 보였다.
봄철 강을 거슬러 오르는
부징어들은 어디로 갔을까
모래위에 알을 낳아 새끼를 키우는
다리 긴 흰목물떼새들은 어디로 갔을까

모래 실은 덤프트럭이 줄지어 다니고
배꽃 하얗게 핀 강변 마을은
잠자듯 조용하기만 하다.

낙동강 12

강창나루

갯밭에 참외가 익는 여름에는
어머니와 외가엘 갔습니다. 타박타박 걸어서
이마에는 땀이 송글송글 맺혔다가 흘러내렸습니다.
외답 지나 성골 너머 신촌
쉬엄쉬엄 부채질하듯 불어오는 강바람은
얼음과자처럼 시원했습니다.
나루에서는 말소리가 아주 잘 들렸습니다.
강 건너 사람들의 주고받는 말도 잘 들렸습니다.
갑자기 귀가 크게 열려진 듯 했습니다.
강물은 머문 듯 조용히 흘러갔습니다.
처음에는 배를 타는 일이 겁이 났습니다.
어머니의 손을 꼭 잡고 있거나
뱃전을 움켜잡고 하늘을 쳐다보았습니다.
뱃전에 닿는 푸른 물살이 무서웠으나
사공의 당당한 모습에 마음이 놓였습니다.
밀짚모자를 쓰신 얼굴에 물빛이 어른거렸습니다.
사공의 긴 지매 소리는 물소리입니다.
조심스레 물에 닿아서 앞으로 나아가는 소리입니다.
배를 타고 앉았으면 마냥 제자리에 있는 것 같은데
오른 곳은 멀어지고 내릴 곳은 가까워집니다.

배를 타고 있는 시간이 무척 길고
이 쪽과 저 쪽이 무척 멀었습니다.
배 삯도 받지 않았습니다.
병성댁 외손자라면 다 통했습니다.
물줄기처럼 구비 돌아드는 옛길
상주시 중동면 오상리는 멀기만 했습니다.
멀리 흐르는 강물처럼

낙동강 13

이 땅 삶의 젖줄이 되리라

물같이 흘러 물이 되리라
깊은 계곡을 지나 너른 들판을 거쳐
시원하게 길 열어 바다로 가리라
흐름은 생명의 연장
흐름 속에 모두는 존재하는 것
은모래 실어다 갯벌을 만들고
물아래 버들치, 잉어, 메기, 각시붕어를 키우며
싱싱하게 흘러가리라

물같이 흘러 물의 생명이 되리라
마음속에 담긴 먹물 같은 때를 씻어
온갖 오물을 걸러내어
깨끗한 산소 같은 안마당에
참말이 싹이 트고 옳은 말이 자라나며
지혜의 말을 꽃피우게 하리라
풋풋한 생명의 풀과 나무가 자라나게 하리라

물같이 흘러 물의 빛이 되리라
우리는 모두 환경 안에 사는 존재
핵실험 반대 팻말을 들고

런던 시가지를 행진했던 철학자 버트란트 럿셀처럼
우리는 모두 환경을 지키는 파수꾼
강산을 살리고
지구를 살리고
사람을 살리는 길
물같이 흘러흘러 물의 길이 되리라
이 땅 삶의 젖줄이 되리라

낙동강 14

겨울새

겨울새들은 함께 모여서 살데
간밤의 사나운 꿈을 부리로 부비고 깃을 털며
옹기종기 모여서 살데
강둑 쪽은 허옇게 꽁꽁 얼어붙어서
짐승 같은 햇살이 꿈틀거리고
아직 얼지 않은 복판은 잔잔한 물살이 일어
가벼운 건반을 두드리고 있데
바람은 강가의 모래를 날려 찬 얼굴을 간질이지만
얼어붙은 잠은 깨어날 줄을 모르데
닫힌 문 앞에서 해빙의 손짓을 하는 갯버들
수척한 몸에도 물은 오르고
겨울새들은 함께 모여서 물에서 살데
물도 따라 시늉하는 물속에서
자맥질도 하고 서로 몸을 비비며
따뜻한 사랑을 확인하데
굳어버린 세상의 끝에는 무엇이 있는가.
밤이 와서 얼음 터지는 소리가 **쩡쩡** 울려
놀란 돌들은 얼굴 가리며 깊이 잠기고
남은 물마저 얼어붙으면
또 어디론가 가야할 겨울새들의 꿈도
얼지나 않을는지.

낙동강 15

수류화개水流花開*

참 많이도 흘러왔다
자연스럽게
물길의 역사

참 많이도 피웠구나
흐르면서
반짝이며 피는 별꽃

채우면서 비웠구나
소리 없이
물방의 섭리

*수류화개실水流花開室: 법정스님 '텅 빈 충만'眞空妙有을 누리신 불일암의 차방 이름.
 수류한방水流山房: 청빈한 수행자의 모습을 보여준 강원도 오두막집 이름.

낙동강 16 ~ 낙동강 30   제2부

낙동강 16

모래의 염원

돌아가 물과 함께 살고 싶다.
물과 함께 흐르고 싶다.
묻혀 사는 재첩과 모래무지의 집이 되어주고
부대끼며 닳으면서
사라짐의 이치를 터득해야겠다.
더러는 반짝이는 금모래 밭을 이루어
다리 긴 흰목물떼새의 보금자리가 되고
외로운 밤의 안식이 되고
새롭게 강변 살자는 노래를 들어야겠다.
깊을수록 고요한 물소리 들으며
물과 같이 살고 싶다.
유배流配는 지난 시절 사람만이 아니었다.
가까운 강기슭에 대형 덤프트럭에 실려 와서
산처럼 무덤을 이루었다.
진동다짐롤러로 짓누르듯 숨통이 막히는
이 무슨 난데없는 형벌이란 말인가
바람은 언저리만 소란스럽게 하고
밤낮 속 끓이는 줄을 모른다.
돌아가 물과 함께 살고 싶다.
물의 품에 안겨 잠들고 싶다.

낙동강 17

칠백 리 낙동강

낙동강 칠백 리는 상주에서 비롯합니다.
상주시 사벌면 퇴강리 강 언덕에는
낙동강 칠백 리 이곳에서 비롯한다는
아주 큰 표지석을 세웠습니다.
낙동강의 이름도 상주의 옛 이름
상낙上洛의 동쪽을 흐르는 강이라서
낙동강이라 이름 붙여졌습니다.
태초에 하늘에는 하늘 문이 열리고
땅에는 물길이 열렸습니다.
강은 산길 따라 들길 따라 구비 구비 이어져
큰 바다로 갑니다.
도랑물 개울물 시냇물과 어울려 함께 갑니다.
강에는 나루의 낭만이 있고
만나고 보내는 눈물과 사랑이 있습니다.
구성진 가락의 지난 노래가 있고
가슴 저미는 애틋한 이야기가 있습니다.
강물은 밤낮 가림 없이 줄기차게 흘러갑니다.
흐름은 강물의 뜻이자 생명입니다.
흐르면서 맥이 통하는 건강한 강이 됩니다.
강의 역사는 흐름의 역사입니다.

낙동대감洛東大監* 이야기

한 노인이 삿갓을 쓰고 강가에서 낚시를 하고 있었습니다. 그때 강 건너 편에서 부르는 소리가 들렸습니다. "여보게 영감" "왜 그러시오?" "여기 와서 강 좀 건너 주게" "예 그러지요" 부르는 사람은 열대여섯 살 됨직한 초립동이었습니다. 노인은 선뜻 일어나 얕은 쪽으로 강을 건너와서 초립동을 업었습니다. "자, 꽉 붙잡으시오, 떨어지지 않게" 멋모르는 초립동은 노인의 등에 업혀 강을 건너기 시작했습니다. 강 중간쯤 왔을 무렵 마침 지나가던 동리사람이 이 모습을 보고 호통을 쳤습니다. "네 이놈 감히 대감 등에 업혀 강을 건너다니… 냉큼 내리지 못할까?" 고함소리에 놀란 초립동은 기겁을 했습니다. "아이고 대감님 어서 내려주십시오. 소인이 죽을죄를 지었습니다." 초립동은 발버둥을 치며 내려달라고 애원했습니다. 노인은 몸을 가누기가 힘들었습니다. 자칫하면 두 사람이 다 물에 빠질 지경이었습니다. 그 때 노인은 "가만히 계십시오. 고함치는 저 사람은 미친 사람이니 상관 마십시오."라고 이릅니다. 그제야 초립동은 안심이 되는 듯 조용히 업혀 강을 건넜습니다. "혹시 낙동대감의 집이 어딘지 아시오" "대감 댁은 왜 찾소?" "내가 과거를 보러 가는 길인데 어른께서 상주를 지나거든 낙동대감을 찾아뵙고 인사를 드리고 가라기에 그렇소." 길을 가리켜 준 노인은 낚시

질을 하다가 해질 무렵 집으로 돌아왔습니다. 마루에 앉아 대감을 기다리고 있던 초립동은 들어오는 노인을 보고 그만 혼비백산 눈앞이 캄캄해졌습니다. "그대는 누구인고? " 대감은 시침을 떼고 물었습니다. "강가에서 대감을 몰라 뵙고 방자하게 굴었으니 그 벌을 무엇으로 받아야 하올지…" 안절부절 어찌할 바를 모르는 초립동에게 "어서 들어가세. 사람이 잘못을 뉘우칠 줄 모르면 모르되 잘못을 뉘우칠 줄 알면 큰 죄도 아닐세." 대감은 마당에 넙치처럼 엎드린 초립동을 일으켜 세웠습니다. 그런 뒤에 고개를 숙이고 서 있는 초립동의 등을 톡톡 두들겨 주었습니다. 낙동강에 노을이 붉게 타고 있었습니다.

* 낙파洛坡 류후조(柳厚祚, 1798-1875) 서애 류성룡의 8대손, 강고 류심춘의 맏아들. 정조22 상주시 중동면 우천에서 류효조(동덕랑)와 쌍둥이로 태어남. 1837년 헌종3년 40세에 사마시司馬試에 급제. 1858년 철종9년 문과정시文科庭試에 급제, 69세에 우의정. 이듬해 5월 좌의정에 7월에 판중추부사判中樞府事 낙동대감이라 부름. 『낙파선생문집』 (참고 『愚川四百年』 류시찬 편저)

낙동강 19

백비탕白沸湯을 내놓다

청빈이 가훈인 낙파 류후조 대감 집에는
가끔 식량이 떨어질 때가 있었습니다.
한양에서 귀한 손님*이 오셨습니다.
때가 되어 저녁상이 나왔습니다.
소반에는 곡기라고는 전혀 없는
팔팔 끓인 맹물 두 그릇이 놓여있었습니다.
낙동강의 물빛에 얼굴이 비치었습니다.
천정의 묵은 나무결이 달빛처럼 어리었습니다.
온몸에 감도는 따뜻한 물맛
두 사람 사이에도 강물이 흐르고 있었습니다.
비었어도 넉넉한 하늘처럼
뒤주나 곡간이 텅텅 비었어도
비어있지 않은 가멸찬 살림
자연의 성찬이 가득 넘치고 있었습니다.

* 한계원(1814-1882) 조선 후기 고종 때의 문신. 우의정 지냄. 호 류하柳下
 (참고 『愚川四百年』 류시찬 편저)

낙동강 20

대추나무를 베다

서책을 보던 낙파*가 머리도 식힐 겸해서 들로 나갔다. 벼들이 따가운 햇살을 받아 반들반들 윤기가 흘렀다. 바람이 불 때마다 푸른 물결이 겹겹이 일고 있었다. 새참을 마친 농부들은 흥겨운 농요를 부르며 논바닥을 뒤지고 있었다. 마치 하얀 학 떼가 줄지어 선 것같이 보였다. 나무그늘에 앉아 정겹게 보고 있던 낙파가 하인에게 물었다. "저기 저 논 한복판에 줄지어 서 있는 검푸른 나무가 무슨 나문가?" "네, 대추나문데요. 그게 바로 일 년에 몇 섬씩 따는 대감댁 대추나뭅니다." "그래, 너 당장 집에 가서 톱을 가져 오너라." "아니 톱은 뭣에 쓰시려고요?" 하인은 뜻밖의 분부에 의아해 하면서 되물었다. "저 대추나무가 논 가운데 가로막고 있으니 그 밑 논은 그늘이 져서 벼가 잘 자라지 못할 게 아니냐?" "그렇다고 저 큰 대추나무를 다 벨 수야 있겠습니까?" 하인은 애가 타는 듯 낙파를 쳐다보았다. "모르는 소리 말아라. 대추는 양반들 제사상에나 올리는 것, 한 두 줌 안 먹는다고 죽을 사람 없다. 하지만 벼는 백성들이 먹고사는 양식이 아니냐? 벼에 해를 주면서까지 대추 따 먹을 생각은 없다." 낙파의 강직한 말을 들은 하인의 머리는 수수이삭처럼 저절로 숙여졌다. 곧 이어 대추나무는 쓰러져 누웠다. 높다란 장벽이 무너진 듯 사방이 훤하게 틔었다. 푸른 낙동강의 시원한

바람이 불어왔다. 벼들이 춤추듯이 푸른 물살을 이루고 있었다.

*낙파洛坡 류후조柳厚祚 낙동강 18 주 참조

낙동강 21

돛단배를 보아야 시상이 떠오른다

낙동강에 돛을 단 소금배가 오르내린 적이 있었지요.
부산에서 소금 가마니를 잔뜩 싣고 예안까지
700리가 되는 상주 낙동나루 위의
우천을 지날 때는 돛을 내렸다나요.
그곳에 전임 정승이 계신 곳이어서 예를 표하느라
뱃사공들은 굵은 동아줄로 배를 끌고 지났는데
바람이 세차게 부는 날이나 소나기가 퍼붓는 날에는
무척 애를 먹었대요.
그 이야기를 들은 어느 날
낙동 대감은 도사공을 불러
'내가 돛단배를 보아야 시상이 떠오르는데 왜 돛을 내리느냐
이후로는 돛을 올리고 내왕하라'고 일렀지요.
그 뒤로는 전승 장군의 깃발처럼 돛을 높이 올리고 지났대요.
대감 계신 곳을 향해 경건하게 절을 하고
뱃길을 재촉했대요.
강바람이 시원하게 물길을 열어 줬대요.

낙동강 22

곶감장수 이야기*

"아저씨 놀라셨지요? 저희들은 쌍둥이입니다. 저희들이 한 건 장난이었어요. 아무러면 장사하는 사람을 속일 수야 있겠습니까?
여기 곶감 한 접 값을 가져왔습니다. 이렇게 익살스런 장난을 한 소년이 훗날 좌의정을 거쳐 봉조하까지 오른 낙파 류후조요, 쌍둥이 동생이 통덕랑通德郞인 류효조였다.

어느 해 겨울, 찬 날씨에 수암 종택 행랑채에 곶감장수가 들었다. 시장기를 재운 저녁상을 물리려는데 열 서너 살 되어 보이는 예쁘장한 소년이 들어왔다. "아저씨는 곶감장수니까 곶감 많이 먹겠네요?" "많이 먹을 거야 없지만 남들보다야 많이 먹는 편이지요. "얼마큼 먹을 수 있어요?" "젊을 때는 반접은 먹은 일이 있지요. 동네 사람들이 모두 혀를 내두르더군요." 곶감장수는 심심하던 참이라 슬슬 대답을 했다."쳇 아저씨 엉터리다. 나 같으면 한 접은 먹을 수 있는데…" "아니 뭐라구요. 곶감 한 접을 먹는다니?" 곶감장수는 눈을 휘둥그레 뜨고 입을 다물 줄 몰랐다. 소년은 자신만만한 태도로 웃고 있었다. "그럼 아저씨하고 나하고 내기 합시다." "내기라뇨?" "곶감내기 말입니다. 내가 한 접을 다 먹으면 곶감 값을 받지 않기로 하고 반대로 내가 다 못 먹으면 곶감 값을 드리지요."

 그렇게 해서 곶감내기가 벌어졌다. 곶감장수는 분이 뽀얗게 난 곶감 한 접을 내놓자 소년은 입을 다시며 연거푸 스무 개를 먹어치웠다. 소년은 목이 마른 듯 물을 마시고 와서 먹겠다고 나갔다. 곶감장수는 속으로 '그러면 그렇지 아무리 먹어도 반 접 이상은 못 먹을 걸'하면서 곶감 한 접 잘 팔게 되었다고 쾌재를 부르고 있었다. 잠시 후에 들어온 소년은 내가 언제 곶감 스무 개를 먹었느냐싶게 입에 넣기가 바빴다. 단번에 서른 개를 먹어 치웠다. 그러더니 변소에 나갔다가 들어오더니 연달아 서른 개를 먹어버리는 게 아닌가. 이제 남은 것은 스무 개. 그래도 곶감장수는 충분히 이길 거라고 생각했다. 또다시 목이 마르다고 나갔기 때문이다. '제아무리 배가 커도 물을 마시면 곶감이 불어 날 테고 그러면 스무 개는 어림도 없지' 그러나 곶감장수의 이러한 계산은 빗나가고 말았다. 잠시 뒤에 들어와 남은 곶감을 후딱 먹어치웠다. 곶감장수는 기가 막혔다. 곶감을 손해 본 것은 그만두고라도 어떻게 어른도 못다 먹는 곶감 한 접을 소년이 먹을 수 있단 말인가. "자 그럼 곶감 한 접 잘 먹고 갑니다." 소년은 배를 툭툭 치며 나가버렸다. '그것 참 이상한 일이다.' 곶감장수는 어이없다는 듯 입맛을 쩝쩝 다시며 목침을 베고

누웠다. 그런데 또다시 이변이 일어났다. 아까의 소년이 들어오고 뒤이어 똑같은 차림의 똑같이 생긴 소년이 생글거리며 들어서는 게 아닌가. "아니 이게 어찌된 일이요? 내가 귀신한테 홀렸나? 곶감장수는 어안이 벙벙한 채로 눈을 비비며 두 소년을 바라보았다.

*류시찬 편저 『우천사백년 愚川四百年』 낙동대감의 일화, 곶감장수이야기에서 약간의 율문을 가함.

낙동강 23

손양덕님께

흐르는 것은
강물만이 아니네.

찔레꽃 향기 물씬 풍기던
오월도 가고

천삼백 리 물길 따라 흐른
PD수첩

남는 것은
시간의 여울 같은 그리움

낙동강 24

다시 손양덕님께

황지에서 을숙도까지
사람의 강물은 쉼 없이 흐른다.

강을 담기 위해
강에 산 사람

가을 들판 같은
느린 말씨의 강물

그의 훤칠한 키는
강 구비처럼 휘었다.

낙동강 25

잠자는 물

물뿐이었어
깊은 잠에 빠져 있는
물뿐이었어
소리가 없는 긴 침묵
떠내려가는 시간의
무덤이었어

낙동강 26

슬픈 소식

어쩌자는 그냐
어쩌자는 그냐

탈을 쓰고
깊은 심연으로 이끄는
선한 탈을 쓰고

물속에
여우를 키우는
조용한 변신

어쩌자고 그러느냐
어쩌자고 그러느냐

낙동강 27

나는 낙동강으로 간다

마음속에 절 한 채 짓고 싶을 때
여름날 땡볕에서 일하다가 시원한 찬물 마시고 싶을 때
이름 모를 예쁘장한 풀꽃이 보고 싶을 때
푸른 솔 그늘에 앉아 이름 없는 시인의 시집을 읽고 싶을 때
몇 시간이고 고전을 읽다가 문득 푸른 하늘이 보고 싶을 때
물길, 산길, 하늘길이든 어디론가 하염없이 가고 싶을 때
낮에 일어난 일로 밤잠을 못 이룰 때
낮은 문지방에 이마를 부딪치듯 갑작스레 터진 일에 정신이 없을 때
마음먹고 베푼 일에 도리어 배신의 칼을 들어댈 때
인심은 법보다 앞선다는 말을 믿었다가 어리석게 당했을 때
순한 양의 탈을 쓰고 욕망을 채우려는 이가 가까이에 있을 때
슬픔이 폭우로 쏟아진 날 위안의 따뜻한 소식을 전해준 이가 생각날 때
막걸리 잔 놓고 먼저 간 친구가 문득 그리울 때
내 안에 끝없이 흐르는 강물 소리를 듣고 싶을 때
무더운 여름날 저녁 시원한 콩국수가 먹고 싶을 때
모두를 위한 원력의 힘이 온 누리에 차 있음을 보고 싶을 때
일상의 무거운 짐 훌훌 부려 놓고 싶을 때
모든 일 그만두고 편안하게 쉬고 싶을 때

바람처럼 떠돌던 마음자락이 어느 한적한 곳에 머물고
싶을 때
가고 옴이 어디인지 화두로 삼고 싶을 때
산을 울리며 흘러나오는 영혼의 노래를 듣고 싶을 때
조용히 앉아서 명상의 나래를 펴고 싶을 때

나는 낙동강으로 간다.

낙동강 28

실려 간 것은

실려 간 것은 사람만이 아니었네.

어깨띠 두르고 흰 수건 동여매고
대구상업학교 나오신 삼촌은
석탄 연기 속으로 아련히 사라지고

아버지께서 밤새워 짜신 꿈의 가마니는
함창 태봉과 가까운 해평에 주둔한
개도리 찬 왜병들의 감시 아래
낙동강으로 실려 갔네.

실려 간 것은 갑오년의 노래만이 아니었네.

御化世上 사람들아 台乃말삼 들어보소
鳥乙矢口 鳥乙矢口 풍려세상 우란한데
이런선경 다시잇나 矢口矢口 鳥乙矢口*

묵은 산에 봄이면 하얗게 피는 벚꽃
그 향기의 뿌리를
포박한 동물처럼 동여매여

눈물 흘리며 실려 갔네.

낙동강에 실려 간 것은 목숨만이 아니었네.

*상주은척동학교당 「도덕가」 중 「몽중명심가」 일부

낙동강 29

낙동강아 잘 있거라

한때 즐겨 불렀던 군가가 떠오릅니다.
'낙동강아 잘 있거라
우리는 전진한다.'

낙동강도 덩달아 푸른 노래를 부릅니다.
젖은 가슴을 움켜쥐고

초등학교 시절 전쟁놀이를 하면서도
즐겨 불렀던 노래

이제 그날의 노래와 사람을 잊었듯이
강도 옛 모습이 아닙니다.

수상스키가 하얀 물길을 내며 날고
발동선이 트롯을 부르며 오갑니다.

금모래 운동장을 넘어 검푸른 물길을 넘어
앞으로 앞으로
거칠 것이 없는 막을수록 트여지는

흐름이 멎은 강은 강이 아닙니다.
'낙동강아 잘 있거라
우리는 전진한다.'

낙동강 30

낙동강에 온 바바리 사자*

낙동강에 바바리사자가 왔다.
멀고 먼 아프리카에서 왔다.
날카로운 송곳같이 뾰족한 이빨을 내보이며
황갈색 갈기를 세우고 달려왔다.
꿈에서도 오고 싶은 낙동강
위엄도 우렁찬 부르짖음도
산하를 달리던 날쌤도 지존의 왕의 자리도
모두 팽개치고 낙동강에 왔다.
넓은 초원은 살육의 광장
한 치 발붙일 낙원이 없다.
강물 빛이 좋아서
비봉산 푸른 산그늘이 좋아서
아니 늘 가까이서 만나는 어린이들이 좋아서
호수 같은 낙동강에 왔다.
켜켜이 쌓이는 외로움과 한스러움을 삭이며
수난받은 목숨의 비애를
온몸으로 버티며

*"바바리사자(Panthera leo leo) 분포 아프리카. 멸종 시기 1942년. 멸종 원인 인간의 포획. (국립낙동강생물자원관 박제 해설문)

낙동강 31 ~ 낙동강 45

낙동강 31

저문 날 강가에 나와

저문 날 강가에 나와
그대 생각에 잠긴다.

강물은 하염없이
네 맘 되어 흐른다.

우리들 사랑은
밤하늘의 별떨기

우리들 사랑은
지난날의 이야기

저문 날 강가에 나와
그대 생각에 잠긴다.

강물은 하염없이
내 맘 되어 흐른다.

낙동강 32

도강록渡江錄 1

뱃전을 잡고 쪼그리고 앉았다.

그해 여름 황토물은 도도히 흐르고 있었다.
스티로폼 같이 부푼 누른 거품이 무리 지어 떠내려왔다.
뿌리 채 뽑힌 나무등걸이 밍크고래처럼 자맥질을 하고
있었다.
무서웠다. 거친 숨을 내쉬는듯한 성난 물살이
어지러웠다. 아래위로 곤두박질치는 물결이
늠실거리는 물결이 곧 덮칠 것 같았다.
서너 길이나 되는 오리나무 삿대가 물에 잠기는 듯 했다
삿대가 너무 연약해 보였다.
나이 드신 구레나룻의 사공이 물을 보지 말고 하늘을
보라고 했다.
햇살이 눈부셨다.
배는 대각선으로 흐르고 있었다.
세찬 물살에 비스듬히 떠내려가고 있었다.
내 손을 잡은 엄마의 손이 촉촉이 땀에 젖어 있었다.
빤히 보이는 강의 이쪽과 저쪽이 무척 멀었다.
조마조마한 도강이었다.

그해 여름 도강 이후 어려울 때는 하늘을 쳐다보는 버릇이 생겼다.
하늘에는 평화로운 강물이 흐르고 있다.

낙동강 33

도강록渡江錄 2

집을 떠난 지 넉 달 만에 집으로 돌아왔습니다.

엄마와 두 동생과 외가로 피란을 갔습니다.
상주시 중동면 오상리 강창나루 건너서
뒤 따라 오신다던 할머니와 아버지와 헤어졌습니다.
외할아버지 외할머니 이모와 외삼촌과 같이 다시 피란을 갔습니다.
등짐을 져서 뒤뚱거리는 황소의 뒤를 따라갔습니다.
걷고 걸어도 낯선 길은 멀기만 했습니다.
잠은 농가의 마당에서 잤습니다.
점심은 주먹밥을 먹었습니다.
아우가 이런 밥은 먹지 않는다고 내동댕이치자
내가 아우의 뺨을 힘껏 갈겼습니다.
동생을 때린 기억이 아리게 남아 있습니다.
군위 어느 천변에서 새벽잠 깰 무렵
붉은 말을 타고 달리는 인민군을 처음 보았습니다.
뒤이어 총 가진 군인들이 몰려왔습니다.
그만 가던 길을 돌아 외가로 왔습니다.
콩밭에는 나갈 때 풀어놓은 토끼와 닭들이 놀았습니다.
벼가 고개를 숙이고 콩알이 도톰하게 영글 무렵

아버지가 오셨습니다.
가뭄으로 강물이 줄었습니다.
아우는 아버지 등에 업히고
나는 아버지 손을 잡고 강을 건넜습니다.
키가 크신 아버지의 팔뚝이 든든했습니다.
가슴에 닿은 강물이 은빛이었습니다.
물속에 모래톱을 이루며 구르는 모래가 보였습니다.
햇살을 받은 물 위에 반짝반짝 별들이 솟아나고
있었습니다.

아버지와 같이 강을 건넌 가을이었습니다.

낙동강 34

도강록渡江錄 3

모래바람이 얼굴을 때렸습니다.
강물이 꽁꽁 얼어붙었습니다.
허연 발판을 깔아놓은 듯이
굵은 금이 죽죽 났습니다.
얼음 위를 걸어서 강을 건넜습니다.
얼음 속 흐르는 물이 거울같이 맑았습니다.
투명한 얼음이 들컥 겁이 났습니다.
오금이 저리고 발이 떨어지지 않았습니다.
갓 난 송아지 발 떼듯 엉거주춤
살금살금 떼어 놓았습니다.
하얼빈 얼음축제장의 얼음으로 쌓은 성처럼
얼음은 튼튼했습니다.
얼음을 지치면서 신나게 건넜습니다.
팔 벌리고 잠자리 날듯이
바람도 따라 건넜습니다.
배는 모래사장 위에 누워 쉬고 있었습니다.
겨울이 풀리기를 기다리고 있었습니다.

도강록渡江錄 4

외할아버지는 강 건너 계십니다.
외할머니도 강 건너 계십니다.
외가의 뒤뜰 소나무와 오동나무도 강 건너 있습니다.

아버지도 강을 건너셨습니다.
어머니도 강을 건너셨습니다.
아담했던 기와집도 강을 건넜습니다.
사랑하는 막내의 자전거도 강을 건넜습니다.
책가방을 실은 채

아주 멀리 세월의 강을 건너셨습니다.
가깝고도 먼 강을 건너셨습니다.

이제 강은 호수가 되었습니다.
깊고 푸른 호수가 되었습니다.

배를 타고 건너던 나루도 사라졌습니다.
덩그러니 표지석만 서 있습니다.

낙동강 36

실려 간 나락

그때 실려 간 나락들은 역사의 갈피에서
아직도 깊은 잠에 빠져있을까
우리 농부들이 이른 봄부터 늦가을까지
콩죽 같은 땀 흘리며 손발이 닳도록 지었던 농사
여든여덟 번의 손이 간다는 정성이 담긴 나락들
가마니와 포대에 가득 담아 질끈 동여 매여
공출이란 이름 아래 강제로 실려 간
나루마다 산더미처럼 쌓였던 나락들은 기억하고 있을까
한숨 섞인 눈물이 강물이 되어 뱃전에 철석거리고
철새들 슬픈 가락으로 숙연했던 강변의 산과 들
쓰라리고 아팠던 일들을 기억이나 할까
실려 간 것들 까맣게 속 태우며
굽이굽이 돌아드는 강, 숨길이 한스럽던
징징 속울음 삼키며 떠난 기막힌 사정을 알기나 할까
천삼백 리 긴 긴 서러운 사연
텅 빈 곳간만큼 허망한 가슴 툭툭 치며
속울음에 지쳐 선돌이 된 까닭을 짐작이나 할까
바다로 흘러간 강물 해안에 부닥치다가
꿈 깨듯 다시 강으로 돌아오는 물길
한으로 남은 아린 이야기를 알기나 할까

눈 감기 전에는 잊지 못할 한겨레
별빛 같은 흰 빛의 정신을 잊지 않고 있을까

낙동강 37

빌다

연암의 열하일기는 압록강을 건너는 도강록으로 시작된다.

"혼자서 잠자코 잔 부어 마실 제, 동쪽으로 용만·철산의 모든 메를 바라보니 만첩萬疊의 구름 속에 들어있었다. 이에 술 한 잔을 부어 문루 첫 기둥에 뿌려서 스스로 이번 길에 아무런 탈이 없기를 빌고, 다시금 한 잔을 쳐 다음 기둥에 뿌려서 장복과 창대를 위하여 빌었다. 그러고도 병을 흔들어 본즉, 오히려 몇 잔 더 남았기에 창대를 시켜 술을 땅에 뿌려서 말을 위하여 빌었다."

나는 아직 한창 멀었다.
하루에도 몇 차례 강을 건너면서 아무 생각도 없고 철도 없이 건넜다. 흉내조차도 못 냈다.
가는 길에 탈이 없기를, 저렇게 떠나는 나와 동행하는 사람과 뚜벅뚜벅 걸어갈 말에게도 기원의 뜻을 담느니, 하늘과 땅과 사람에게 고축을 하고 새 세상 새 천지에 첫 발걸음을 알리나니

'빌다'는 말에는 비 온 뒤 꽃봉오리 터지는 소리가 난다.

낙동강 38

겨울 강

겨울 강은 수행 중이다.
흰 장막을 치고 속을 감춘 채

가라앉은 침묵을 깨고
이따금 일갈一喝하는 얼음 터지는 소리…

저녁 새는 갈대숲으로 들고
강변 마을에는 불빛이 따뜻하다.

나도 돌아가
성호스님의 독경소리를 들어야겠다.

낙동강 39

물의 손

물의 손은
따뜻한 약손이다.

온몸을 어루만져주는

물의 손은
거문고 줄이다.

우리가락을 울려주는

낙동강 40

별과 함께

여름밤
모래 위에 덜버덩 누워
쏟아지는 별을 안을 때
모래는 그날처럼 간지럼을 먹여주었다.
온돌방같이 따스했다.
몸이 풀렸다.
해넘이로 찾아드는 안식
강물도 잠 들고
조약돌 같은 예쁜 알이 부화하는
물새의 꿈을 꾸었다.
그때 붙었던 모래알이
아직도 떨어지지 않고 붙어 있다.
밤하늘에 붙어 있는 별과 함께

낙동강 41

낙동강의 수석

초기 낙강시제 행사 때
백일장을 강변에서 했지요.

장원을 한 사람에게
덤으로 낙동강에서 주운 수석을 주었어요.
오랜 세월 패이고 깎인
강이 만든

깊을수록 자는 물소리
얕을수록 큰 물소리
오랜 세월 부드러운 손으로 어루만지고
가슴에 품어온

훗날 시인이 된 그 사람
'가슴속에 낙동강이 흐르고 있어요'
라고 하며
덥석 손을 잡았지요.

그만 강물에 푹 빠졌어요.

낙동강 42

강은 얼지 않는다

겨울 강의 깊이는 알 수가 없다.
묵언默言 수행중이다.
시간의 얼굴이 변하지 않듯이 민낯이다.
바람이 미끄러지듯 지나가고
햇살이 내려와 장난을 치다가 갔다.
강변엔 갈대가 몸을 떨며 서걱거리고
빈 배가 발이 시린지 웅크리고 있다.
해 질 녘 청둥오리 떼 산 너머 가고
찾아오는 어스름의 장막이 살얼음이다.
밤이 오고 모두가 잠이 들면
겨울 강은 소리 없이 흐르며
아침의 말을 다듬는다.
별과 같이 반짝이는

겨울 강은 얼지 않는다.

낙동강 43

강의 잠

강이 잠들어 있다.
잠은 평면이다.
인조잔디를 깐 운동장처럼

'물같이 살아라.'라는 역동적인 말은 접어둬야 한다.
가만히 있어서 칭찬받을 일이 따로 있다.

잠은 조용하다.
발효하는 잠은 뜨물 냄새가 난다.

낙동강 44

낙강에 달 띄우고 지은 시의 서문을 읽다

임술년 1622년 7월에 창석 선생이 남긴
낙강에 달 띄우고 지은 시의 서문* 같은 글 한 번 써보고 싶네.
한 줄 한 구가 역사가 되고 문화가 되는
낙강의 물이 황지에서 나와 상낙의 동쪽에 이르러서야
세력이 커져서 낙동강이 되고
낙수의 남서쪽 평평하고 넓은 언덕을 골라 도남서원을 세웠다는
밝은 눈과 큰 뜻을 배우고 싶네.
이른 임술년 적벽강에서 뱃놀이하며 지은 동파東坡의 글이
무지개 같은 광채와 신기루 같은 색채가 사람의 귀와 눈을
쏘기에 족했다니
설령 재주는 없지만 절경을 만나 이룸에는 옛 사람에게
부끄러울 것 없나니
돌아온 임술년에 그 호기와 요량으로 용연에 배를 띄우기로
하였다네.
하지만 달이 나오지 않아 서른 사람이 낙담을 하자
골짜기의 아름다운 경치는 지령地靈이 비밀로 한지 오랜데
문인들이 들어와 이를 묘사하여 세상에 전하려 하니
어찌 조물주의 꺼림을 받지 않으랴.
하늘의 달을 열 재주도 없을 바에야
마땅히 노를 저어 낙강의 안개를 헤쳐야지

달이 없다고 좋은 때를 그르쳐서는 안되리라고 한 넓은
풍도風道를
신념에 찬 유상遊賞의 멋을 배우고 싶네.
아름다운 경물을 보고 시를 읊은
사물과 내가 하나 되는 혼융의 경지를 누리고 싶네.
이 땅은 참으로 책 많고 현인이 많았던 고장이요,
신선이 살던 고을**이라 했으니
세상이 변한들 어디 근본 마음자리야 다를 바 없을 테니
상산 고을에 인연을 맺어 살게 됨을 손 모아 고마워해야겠네.
「낙강범월시」를 엮어 도남서원에 갈무리하고
뒷날 이 놀이를 잇는 자의 선구가 되고자 한다***고 한 그 말씀이
전통을 이어갈 훗날을 내다본 선견지명先見之明이 놀랍기만 하네.
시월에 만날 약속까지 강신江神에게 아뢰는
강의 일은 강이 중심임을 이르는 경건함을 익혀야겠네.
닫고 사는 세상에 시원하게 열린 낙강에 배를 띄워
달도 싣고 시도 싣고 노래도 싣고 사랑도 실어
넉넉하게 자적하는 낭만에 흠씬 젖어보고 싶네.

* 洛江泛月詩序낙강범월시서
** 此實文獻之邦 神仙之府
*** 詩旣成 咸屬余序之 略書其事之顚末弁於篇首 欲藏之書院 以爲異日續此遊者之先驅也

낙동강 45

강의 말

'흐르다'라는 강의 말은 참 길다.

강은 땅의 핏줄
꿈틀대며 흐르는
흐르다가 돌아오는
긴 여정.

낙동강 46 ~ 낙동강 60

제**4**부

낙동강 46

낙동 털보 1

낙동강을 따라 살아온 사람입니다.
젊을 때부터 낙동강에서 배를 부린
뱃사공으로 산 사람입니다.
부산에서 구포, 삼량진 지나 고령, 왜관 거쳐 낙동에 이른
물길 따라 살아온 사람입니다.
더부룩한 수염을 달고 살아서 붙여진 낙동털보
김소수*란 이름보다 낙동털보로 알려진 사람
털보라고 하면 다 통했던
낙동강 사공치고 모르는 사람이 없었습니다.
해방되기 전까지 공출 나락을 실어 나른 사람
화물차가 없던 시절 배편으로 날랐으니
맞은바람이 있으면 돛대를 달아 바람을 타고
역풍이 아니면 어깨로 메고 물결을 파가며 끌고 갔으니
"상주지역 것은 왜관으로 빠지고……"**
새끼줄로 꽁꽁 묶여 쌓인 나락만큼 울분도 쌓이고
한으로 짠 가마니에 눌린 농자천하지대본
홧김에 놋대로 냅다 물을 쳐 보지만
물소리와 거품도 잠시뿐 무심히 흘러가니
수심에 찬 젖은 낯빛으로 흘러가니
낙동강을 따라 소리 없이 흘러간 사람입니다.

한평생 낙동강에서 산 낙동강의 사람입니다.

*김소수(金小守) 40세 때 상주에 왔다. 낙동강에서 배를 부린 것은 일제 때부터. 1942년 까지 공출 나온 나락을 실어 날랐다.
**이정훈(李正勳)『낙동강』「노 저어 반평생, 마소 함께 건너는 낙동나루」
 1969 매일신문사

낙동 털보 2

낙동강의 맨 아래 김해에서 예안까지
소금배를 부리며 오르내린 사람입니다.
검은 하늘 아래에서 비가 올까 봐 걱정하며
배와 함께 산 사람입니다.
소금배 한 척에 여섯 명이 붙어서 가는
하루에 가는 백여 리 길
물이 얕으면 붇기를 기다렸다가 가고
물드는 저녁노을에 넋을 놓으며
뱃전에 뜨는 달에 상념에 젖어
마지막 도착지까지는 달을 넘긴 먼 뱃길
큰 고배는 소금 6백 포대
작은 배는 2백 가마를 실어
배가 닿는 나루마다 팔면서 가는
고된 육신을 벌컥벌컥 막걸리로 달래며 가는
소금을 먹고 짜야만 살 수 있는 세상
싱거워서 맹물이 되어서 정신을 잃었으니
썩지 않는 소금이 되어서
타지도 녹지도 않는 짠돌이가 되어서
오로지 낙동강만을 사랑하며 살았으니
낙동강이 되어 흐르고 있으니

낙동 털보 3

한때 낙동나루에는 사람과 우마차가 배를 타고 건넜대요. 마흔에 낙동나루에 와서 15년이나 되었으니 배를 보며 겪은 이야기야 수월찮게 많지요. 막걸리를 한 모금 마신 뒤 수염을 쓸어내리고는 '아! 글세 생글생글 웃는 얼굴이 떠올라서…'

사십대 중반 무렵, 음력 시월 하순 쌀쌀한 날이었어요. 버스를 싣고 강 중간쯤 지나는데 배 뒤쪽에서 풍덩! 하고 물소리가 울리더래요. 예감이 이상해서 놋대를 던지고 부리나케 가 보니 사람이 아닌가. 응급 결에 물속으로 뛰어 들어가 구해냈답니다. 홧김에 귀퉁배기를 후려갈기려다 참았답니다. 조금 전까지 버스에 탔던 여자로 아이까지 업고 빠졌으니. 서둘러 젖은 아기를 마른 옷에 감싸 안으니 울기는커녕 방긋방긋 웃는데, 눈빛이 해맑은 천사더래요. '가슴이 뭉클 뜨거워져서 나도 그만 웃고 말았지요. 고 귀여운 아기 땜에'

'그래 그 뒤에 무슨 연락이라도 있었나.' '말도 마시오. 죽으려는데 살려놨다고 도리어 원망만 잔뜩 하더군요.' 물에 사는 거미로 소문이 났지만 사람 일이야 수월치가 않은가 봐요. '세상사람 다 그렇지요 뭐. 아기의 별빛 같은 눈과 새하얀 볼이 아른거려서…'

낙동강 49

잠자는 강

잠의 역사를 기술하는 중이에요.
오랜 뭍의 세월이 화석을 만들어내듯
깊은 잠의 무늬를 새기는 중이에요.
청력을 잃은 어느 작곡가가 영혼의 소리를 담아내듯
수시로 팬텀기가 낮게 내려와 굉음을 퍼붓고 솟아올라도
무디어진 평면의 무표정
가라앉은 속은 아무도 몰라요
부글부글 끓고 있거나 소용돌이칠 음모를 꾸미고 있는지도
몰라요.
이따금 물오리 떼가 간지럼을 먹여도
가까운 산이 내려와 사모의 그림자를 펼쳐도
깨어날 줄 모르는 막힘의 숙면
때가 되면 검은 깃발을 흔들며 장송곡을 부를 거예요.
검푸른 물결과 함께
한 맺힌 눈물의 노래를 부를 거예요.

낙동강 50

낙동강에 가면

낙동강에 가면 시를 만나요.
낙동강의 시인들을 만나요.
시를 사랑하는 사람들이 모여서
강의 시를 읊었던 옛 시인을 만나요.
시인들은 모두가 아름다운 꿈을 가졌어요.
사람이 자연처럼 아름다워지는
사람이 꽃처럼 피어나는
새싹 같은 꿈을 가졌어요.
기쁠 때는 함박꽃의 시를 쓰고
슬플 때는 눈물의 시를 쓰고
강과 같이 흘러가요.
강도 시를 노래하고 있어요.
굽이쳐 흐르면서 노래하고 있어요.
억겁 세월 속에서도 한결같이
매운 세상에서도 변함없이
강의 시를 보여주어요.
낙동강에 가면 시를 만나요.
시 세상이 열려 있는
낙동강의 시를 만나요.

낙동강 51

붉은 강

장마 물러간 뒤 강의 얼굴이 붉다
강은 자연의 양심
거짓이 없다.
떼를 지어 떠내려오는 쓰레기의 시위
데모하는 군중들처럼 길게 줄을 이었다.
버려지는 일은 한없이 서럽다.
사라져야만 하는 것들은 하소연할 길도 없다.
어울려 서로를 다독이며
앞서거니 뒤서거니 밀려온 사나운 물길
떠 있는 유랑은 슬프다.
흘러 온 것이 어디 너희들뿐이랴
마구 버린 양심도 떠내려가는
팽개쳐진 의식
정작 놀라는 것은 보는 사람들이다.
부대끼는 긴 여정의 끝
모두가 모인 둑 안에서
흰 꽃을 피우며 떠날 시간을 기다리고 있다.
강은 붉은 말을 토해내고 있다.

낙동강 52

한수인*과 이안 모리슨

낙동강은 슬픈 사랑을 안고 있어요.
강을 사이에 둔 안타까운 우리의 옛 사랑도 있지만
이국인의 찡한 사랑도 있어요.
이안 모리슨은 호주계 영국「타임스」지의 기자로
1950년 8월 12일 한국전쟁 때 종군하다가 낙동강전선에서
전사를 했데요.
그와 인도 중사 나야르와 영국 기자 버클리를 태운 지프차가
공산군 탱크를 취재하러 가던 중
지뢰가 터져서 폭파하여 그만
모리슨을 사랑한 사람은 중국계 여성작가 한수인韓素音
홍콩의 퀸 메어리병원에서 근무하면서 싹이 튼 사랑
그들의 꿈같은 사랑은 이국의 강변에서 지고 말았데요.
그런데 이러한 슬픈 사랑, 자전적 이야기를
소설로 쓴 것이「모정」이고
소설 속 남주인공은 마크 엘리엇인데
실제 인물은 이안 모리슨
1955년 영화「모정」으로 세상에 더 널리 알려졌데요.
낙동강은 소설가의 사랑을 알고 있어요.
애틋한 두 사람의 사랑이 노을빛 강물로 타고 있어요.
반짝이는 눈물로 흐르고 있어요.

* 최종고 지음 『한국을 사랑한 세계작가들 1』 「모정의 애인을 한국전에서 잃은 한수인」
韓素音(1916-2012) 중국계 소설가. 『모정(慕情)』 『저우라인전(周恩來傳)』

낙동강 53

강의 도롱이가 나의 집이라

도남서원 맞은 편 갱다불길 언덕에 들어선 낙동강문학관에 허백정 홍귀달의 시「자술自述」을 게시하고 선생의 문집을 읽다가 그만 가슴이 꽉 막혔습니다.
'함창 고향집에 불이 났다는 말을 듣고 절구 네 수를 써서 이안손 사휴에게 부쳐 내 마음을 보내다.' 라는 시에서 '돌아가 붙여 살 곳 없다 말하지 말라. 강의 도롱이가 나의 집이라'*는 구절에서

반평생 집 없이 지내다가 무릎이나 들여놓을 달팽이 같은 집과 몇 년 동안 몸소 써레질하여 주림을 면하고 남은 곡식마저 다 태웠으나 그나마 벽 가득 시서詩書는 남았다고 자위하는 선비, 애타는 슬픔이 극에 달하면 슬픔을 넘어 슬픔을 느끼지 못하는 초월의 경지에 이른다지만 애써 자위의 지경에 이른

하루 사시 따라 물빛이 변하고 물의 흐름도 빠르고 느림이 보는 이의 마음에 달렸다는 강에 비바람을 가릴 도롱이가 내가 살 집이라는 자연 속에 묻혀 사는 선비의 가난하면서도 가멸찬 욕심이 자연스럽게 자연에 있으니, 평생 땅을 살 밑천도 쌓아두지 않은 무욕無慾의 거울에 비로소 강이 흐르

고 물길이 트이고 살길이 열렸으니

낙동강에서 시를 읊고 소요逍遙의 멋을 즐긴 선인들을 본받아 강의 말씀을 듣고 배우라는 뜻에서 낙동강과 인연을 맺어 낙강의 시를 쓰며 낙강을 공부하게 되었으니, 강가에서 늦은 시간을 즐기게 되었으니…… 언제쯤 귀가 트이고 마음이 열리려나. 내안의 강물이 흐르고 물새소리가 들리는

* 聞咸昌家火 賦四絶 寄李安孫士休以遺懷 莫道歸來無着處 江天簑笠卽吾廬

낙동강 54

물의 집

물의 집은 물이다.

물의 집은 흔들리는 완구이다. 흐르면서 강해지는 힘의 원천. 빛의 길이 물길이다. 떠돌다가 돌아오는 회귀. 물을 마시며 물을 찾다가 다시 물로 돌아오는 물. 물은 넓은 가슴으로 안아준다. 물고기가 회류함은 물을 닮았기 때문이다.

물의 집은 유치원처럼 소란스럽다. 깊은 잠에 빠지지나 않을까 서로 다독이며 깨어 있나 확인한다. 침묵은 돌덩이처럼 가라앉는다. 머무름은 길을 잃음이자 구속이요 속박이다. 풀잎으로 지은 곤충의 집처럼 떠다니기도 한다.

물의 집에는 모두가 산다. 사람도 풀과 나무도 새들도 산다. 저물녘 강가의 사랑도 외로움도 산다. 풀지 못한 삶의 의미도 가슴에 묻힌 가을 꽃길의 슬픔도 애틋하게 생각한다. 저마다의 모습으로 모였다가 흩어지는 구름의 집, 설계가 없다.

물의 집은 자유롭다.

낙동강 55

하얀 강

조족등照足燈을 들고
어두운 강을 밝힌
옛 선비들의 긴 시편들
반짝이는 하얀 별로 솟아오르는
강의 말은 하얗다
물빛과 옷 색이 그렇듯

겨울새도 하얀 발자국을 남긴다.

낙동강 56

열린 이야기

때 아닌 경계령으로
돌조각이 되어 집에 웅크리고 있을 때
두껍게 빗장을 건
강의 변신은 아름답다.

혹한이 엄습한 뒤에서야 보이는 순결
펼쳐진 백야白夜

북극의 곰이 새끼를 대리고 다녀갔다.

잡티가 없는
하얀 집의 언어로
강은 열린 이야기를 집필 중이다.

낙동강 57

잔물결의 등

옛 선비의 시에
낙동강의 물결에 백옥은 가라앉고*가
한때의 절망을 노래하듯
격리된 겨울 풍경 위로
오늘은 오소소 싸락눈이 내린다.
얼음 위에 피어오른 눈꽃
훈련 중인 팬텀기의 하늘 찢는 소리에도
귀 가린 채
속을 후벼낸 수술에도
잘 견뎌낸 겨울잠의 끝
기다리는 봄은 잔물결의 등을 타고 온다.

* 洛水波濤沈白璧
 허백정이 박간보의 시에 차운한 권시보의 시에 차운하다. 次權時甫(得經)
 和朴艮甫韻의 한 행.

낙동강 58

그리울 때가 있다

강이
안개에 가려
보이지 않는다.

자주 보던 얼굴도
그리울 때가 있다

한없이 흘러갔으니

다산의 유천진암기遊天眞庵記에는 다산의 나이 서른여섯 살이던 1797년 여름 어느 날의 일이다. 석류꽃이 피어나고 내리던 보슬비가 개는 것을 보고 고향 소내에서 물고기 잡기 좋은 때라는 데 생각이 미친다. 조정의 허가도 받지 않고 곧바로 고향집으로 달려가서 친척들과 강에 나가 그물을 쳐 한배 가득 고기를 잡아 산나물과 함께 실컷 끓여 먹었다는

노을이 지는 여름 날 강변 시인 교실을 낙강에서 가졌을 때 물드는 강물과 시원한 강바람과 물새소리를 오지게 담아 그만 부드러운 속살의 모래밭에 들버덩 드러누웠는데 등덜미가 온돌방처럼 따뜻해지고 꿈속인 듯 대금소리에 아득하게 남도 길을 갔으니, 한없이 한없이 흘러갔으니

낙동강 60

생명의 끈

해가 뜨면 강은 반짝거려요.
살아있는 보석들의 경연
그것은 이 땅에 산 사람들의 발자국이어요.
강을 건너가고 강을 건너온 백성들의 발자국이어요.
살길을 찾아 나서고
살길을 찾아 돌아온
땀에 젖은 빛나는 발자국이어요.

밤낮없이 강은 노래 불러요.
온 땅의 진액이 모여서 펼치는 대 합창
그것은 이 땅에 산 사람들의 노래이어요.
강을 건너가고 강을 건너온 백성들의 소리이어요.
살 곳을 찾아 나서고
살 곳을 찾아 돌아온
목매이고 구성진 소리이어요.

강은 억겁을 흐르는 푸른 핏줄이어요.
꿈틀거리는 국토의 허리띠
매었다가 풀고 풀었다가 다시 매는 끈이어요.
강을 건너가고 강을 건너온 뭇 생명의 끈이어요.

줄기차게 이어온
줄기차게 이어갈
우리 생명의 질긴 끈이어요

강은 흘러갔다가 돌아온다

1

내가 강을 처음 본 것은 유년시절이다. 상주시 중동면 오상리 외가에 가자면 강을 건너야 했다. 처음 배를 탔던 강창나루, 강은 신비로움과 공포의 대상이었다. 깊고 넓고 많은 물을 본 것도 그때가 처음이었다. 도도히 흘러가는 모습에 가슴이 조여들었다. 형용할 수 없는 큰 짐승이 은밀하게 어디론가 이동하는 듯한 느낌이었다. 거기에 납작한 배를 타고 건넌다는 것은 무서움 자체였다. 이후 조금씩 줄어들긴 했지만 싹 가시진 않았다.

1950년 늦여름 피난 중에 아버지의 손을 잡고 낙동강을 건넜다. 물이 맑아 물밑 모래까지 훤히 보였다. 그때 아버지는 믿음의 큰 울이자 산이었다. 강과 겨루어 이겨낸 승자로서 당당한 모습이었다. 그 이후 강에 대한 생각이 바뀌기 시작했다. 강은 극복의 대상이 아니라 오히려 호기심을 일으키는 친화의 대상이었다. 이상하게도 지난날의 공포가 정겨움으로 환치가 되어 나타났다.

1970년대 초반 수석에 입문하여 남한강을 찾게 되었다. 남한강의 한수 청풍은 이름난 수석의 산지였다. 그곳에 바로 혜산 박두진 시인이 즐겨 찾던 돌밭이 있었다. 푸른 산줄기와

물줄기를 따라 펼쳐진 돌밭의 세계는 상상력을 자아내는 보고였다. 강은 강으로 이어졌다.

2

1976년 『현대시학』지를 통해 전봉건 선생의 추천을 마치고 상주 연작시를 쓰기 시작할 무렵이었다. 대구 MBC가 기획한 다큐멘터리 '낙동강 그 원류를 찾아서' - 발길 따라 물길 따라를 제작하는 손양덕 PD를 만나게 되었다. 찔레꽃 향기가 물씬 풍기는 오월, 아자개의 유적을 촬영하기 위해 병풍산성에 올랐다. 촬영기자재를 매고 올라가는 일행 모두 땀을 뻘뻘 흘렸다. 무너진 옛 성터와 사용하던 우물 터 등 작은 분지가 아늑했다. 그런데 그렇게 애써 촬영했던 것이 정작 방영이 될 때는 두서너 장면으로 휙 지나갔다. 꼭 필요한 몇 장면을 얻기 위해서 많은 시간과 고역을 참아내는 것을 보고 느낀 바가 있었다. 그가 황지에서 을숙도 까지 천삼백 리 낙동강을 총체적으로 담아내는 의지와 집념을 보고 나도 시로서 도전해 보고픈 욕심을 내게 되었다. 시원한 물줄기가 눈앞에 전개되었다. 시작도 다를 바 없다고 생각되었다. 4절지 촬영대본을 복사본으로 받고 나도 답사를 통해 낙동강의 대서사시를 쓰고 싶었다.

그때부터 낙동강은 선망과 그리움의 표적이 되었다. 바로 변화와 창조의 공간으로 떠오른 것이다. 저문 날 가까운 강변을 서성이기도 하고 사라진 나루터에서 옛 정취에 젖기도 했다. '우선 상주의 낙동강만이라도 그려보자. 그리고 차츰차츰 그 범위를 넓혀나가자.' 그리하면 얼개가 대충 짜여 지리라고 믿었다. 그러다가 우연히 접하게 된 가스똥 바슐라르의 『물과 꿈』(李嘉林 譯)을 통해서 「물질의 상상력」이 계시적인 것으로 나타남을 보았다. "우리 정신의 상상적 힘은 매우 다른 두 개의 축軸 위에서 전개 된다고 말한다. 그 하나는 새로움 앞에서 비약을 찾는, 즉 회화적인 것이나 다양함, 예기치 않은 사건을 즐긴다. 또 하나의 상상적 힘은 존재의 근원을 파고 들어가 원초적인 것과 영원적인 것을 동시에 존재 속에서 찾아내고자 한다. 형식적 요인에 생명을 부여하는 상상력과 물질적 요인에 생명을 부여하는 상상력 바꿔 말하면 형식적 상상력과 물질적 상상력으로 구분할 수 있는 것이다." 이를 것도 없이 시 창작의 완전한 탐구에 있어서는 이 두 개의 개념이 불가결한 것이다. 종래의 미학에서는 형식적 요인의 연구에 치중하고 물질이 갖는 개성화의 힘이 과소평가 되었다 하여 물질적 요인의 중요성을 강조했다.

여기에서 나는 상상력 이전의 실제에서 일어나는 정서에 머무르게 되었으며 두 개의 상상력 사이에서 고뇌하지 않을 수 없게 되었다. 강을 보고 물을 보는 시선은 겉과 속이 달랐기 때문이다. 육안肉眼으로 보는 물과 심안心眼으로 보는 물은 현격한 차이가 있다. "낙동강 물이 관수루 밑을 에워싸서 주야로 끊임없이 흐르되 흘러간 것은 지나갔으나 쫓겨서가 아니요, 흘러온 것은 이어지나 재촉하여서가 아니다."(청대淸臺 권상일)라고 하여 물 흐름의 실체를 깊이 보았다. 추구하는 것은 이런 쪽이나 어느 하나에 만족할 수 없는 표현의 갈등은 지속적으로 나타났다. 그래서 처음은 현상의 사실적 표현에 주력했다. 어렵지 않게 일차적으로 접근 가능한 방법이다. 그러니까 형식적 상상력에 의존하여 시작을 진행한 셈이다. 낙동강과 연관된 단순한 체험과 서책을 통한 이야기를 수용하고 현장의 담론과 함께 변화를 포착하여 올렸다. 강은 볼 때마다 다르게 보였다. 아침의 강과 저녁의 강이 확연히 달랐다. 그러다가 시시각각으로 변하는 물빛의 변용 그 근저에 생각이 미쳤다. 물질의 변화를 생태학적 입장에서 벗어나 강을 관장하는 강신江神의 조화에 의해 나타난다는 생각으로 기울였다. 마치 창석蒼石 이준李埈이 '낙강에 달 띄우고 지은 시(洛江泛月詩)의 서문'에서 밝혔듯이 이 노인(소동파)의 호방한 문장과 걸출한 구절은 강신江神이 도운 바를 입어 무지개 같은 광채와 신기루 같은 색채가 사람의 귀와 눈을 쏘기에 족하게 되었다'고 한데서 더욱 믿음이 갔다. 이것은 종교적 신비를 넘어 시적 발상으로 봐야 한다.

3

강은 이쪽此岸과 저쪽彼岸, 경계, 융합, 포용, 생명, 유전流轉, 통로, 정화, 재생, 月印(불심) 등 다양한 상징성을 지녔다. 저마다 의미 부여를 할 수 있는 강, 하나의 이치로 설명되는 것이 아니라 여러 가지 상황을 제시하여 그에 따른 많은 정황이 표출되었다. 강의 이미지와 상징이 간단하지 않은 이

유이기도 하다.

  자유로운 시적 대상으로서의 강은 늘 같은 모습으로 있는 법이 없다. 강은 흘러갔다가 돌아온다. 사라지는 것이 아니라 영겁의 의미를 안고 새롭게 돌아온다. 순환과 융합, 통섭의 진리를 지닌다. 여기에 편승하여 내면세계를 펼쳐본 작품이 「물의 집」이다. 현상에 매몰되어 상투적인 보편의 굴레에서 안존할 것이 아니라 새로운 의미를 찾아내는 꿈의 말이 중심을 잡은 것이다. 그런데 이번 시집에 실린 낙동강 예순 편은 물이 가진 통일성을 신뢰하는 근원적인 노래와는 거리가 있다. 하지만 아주 작은 모래알이 모여 모래밭을 이루듯이 낙동강의 이름으로 작은 시의 집을 지을까 한다.

  무슨 인연인지 외할아버지께서 낚시를 놓으실 때 종다래끼를 들고 따라다닌 강변 윗자리에 낙동강문학관이 들어서고 아침저녁 오솔길을 드나들게 되었다. 다람쥐가 나오고 멧비둘기, 후투티, 물까마귀, 할미새가 길을 안내하며 강바람과 숲 향기가 풍기는 시의 길이다. 만년의 과제로 낙동강을 다시 볼 때가 되었다. 미래를 흐르는 낙동강에 대한 시적 탐구는 이제부터다.